COLLÉGE DU SACRÉ-CŒUR D'AIX

LA

FÊTE DES INNOCENTS

27-28 Décembre 1877

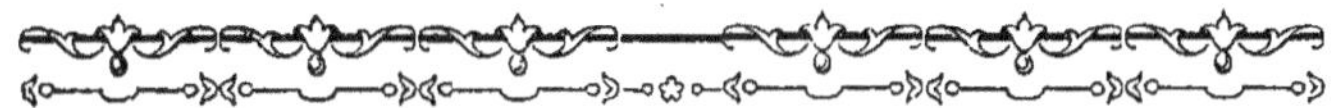

LA FÊTE DES INNOCENTS

AU COLLÉGE DU SACRÉ-CŒUR

27-28 Décembre 1877

> " Deposuit potentes de sede, et
> exaltavit humiles. „
> (*Magnif.*)

I

LE MESSAGE

Un messager, (*) escorté de deux gardes de la cour du roi des Innocents,
se présente au réfectoire, vers la fin du repas du soir, le 27 décembre, et
s'adresse aux élèves du grand Collége :

C'est la fête des Innocents,
Et dans le ciel et sur la terre,
Aujourd'hui, par un doux mystère,
Les plus petits sont les plus grands !
On voit ces beaux martyrs, nos frères,
Près de Jésus, au paradis,
Comme autrefois, près de leurs mères,
Se jouer au milieu des lys.

(*) De la petite classe Saint-Louis-de-Gonzague. Ce sont ces gracieux petits élèves
qui vont être les héros et les acteurs de la fête.

Mais aujourd'hui leur allégresse
Revêt un air de majesté.
Et quoi ! Jésus, dans sa tendresse,
Les fait asseoir à son côté !
Aujourd'hui, de belles couronnes
Brillent sur leurs fronts enfantins :
Tour à tour, au pied de leurs trônes,
Viennent s'incliner les grands saints.

Violettes du divin parterre,
Jésus les cueille, en ce beau jour ;
Car il veut offrir à sa Mère
Un bouquet de fleurs et d'amour.
Oh ! nous aussi, leurs petits frères,
Nous nous jouons avec bonheur,
Aux pieds du plus tendre des pères,
Dans ce jardin du Sacré-Cœur.

Jeux, sourires, douce allégresse,
C'est notre part : — Mais aujourd'hui,
Notre père, dans sa tendresse,
Nous fait asseoir auprès de lui.
Le plus petit de la famille
Va porter le sceptre en ce jour ;
Sa Majesté sera gentille,
Et gentille sera sa cour.

Car aujourd'hui c'est notre fête,
C'est la fête des Innocents.
Qu'a nous servir chacun s'apprête :
Les plus petits sont les plus grands !

II

LA RÉPONSE

Un élève du grand Collége répond au jeune ambassadeur :

Messager d'un monarque aimable,
Va dire à ton maître innocent,
Que, dès demain, à notre table,
C'est lui qui sera tout-puissant.

Je vois à sa grâce enfantine
Tous les fronts, tous les cœurs céder ;
Et notre père aussi s'incline
Devant qui va lui succéder.

Quand douze fois l'airain sonore
Aura vibré dans le préau,
Amène-nous ce roi qu'honore
L'Enfant-Dieu, le roi de là-haut.

Qu'il vienne, ange de sa tendresse
Promulguer l'oracle sauveur :
« Dieu relève la petitesse
« Et prosterne toute grandeur ! »

III

A L'ÉGLISE

Le jour de la fête, toute la troupe enfantine va, à **10** heures, assister à la grand'messe des Innocents, en compagnie de tous les petits enfants de la ville, qu'une paternelle invitation de Monseigneur l'Archevêque réunit, chaque année, à la basilique métropolitaine, pour le touchant office du *Deposuit*.

IV

AU BANQUET

A midi, le Roi « le plus petit de la famille » est solennellement introduit
au réfectoire. Ses petits camarades, élégamment vêtus, comme lui, l'escortent
et l'amènent jusqu'à la table de M. le Supérieur, à la droite duquel ont l'as-
sied. La Cour prend place à une table décorée avec goût. A la fin du repas,
des députations des deux divisions viennent rendre hommage au monarque et
lui offrir des présents. Puis le Roi tient son lit de justice.

V

LE DISCOURS DU TRONE

Hier j'étais un enfant ignorant et candide,
Et voilà qu'aujourd'hui l'on me dit tout-puissant.
Hier des jeunes agneaux j'étais le plus timide,
Et je vois les pasteurs devant moi s'inclinant.

D'où vient dans mon destin ce changement rapide ?
Pourquoi le diadème à mon front souriant ?
Ah! je comprends, amis, c'est la foi qui vous guide :
Vous couronnez Jésus dans le petit enfant.

Pour vous servir, au moins, si j'avais son empire ?
Mais du Sauveur, hélas, je n'ai que le sourire.
Comment vous témoigner mon amour fraternel ?
Quel souvenir laisser de mon règne éphémère ?

... Eh bien! je vais donner les douceurs de la terre,
Comme l'Enfant-Jésus donne celles du Ciel.

Suit une distribution générale de dragées et marrons glacés, par ordre de
Sa Majesté.

VI

A LA FIN DE VÊPRES

Le roi des Innocents est redevenu le petit J.-B. G., âgé de cinq ans, interne au Collége du Sacré-Cœur, premier élève de la deuxième division de la classe Saint-Louis-de-Gonzague.

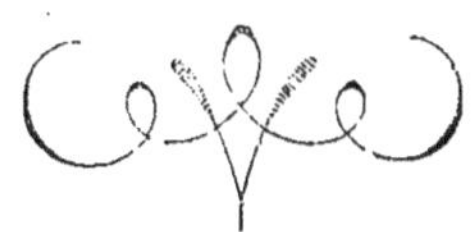